GÜTERSLOHER
VERLAGSHAUS

Gütersloher Verlagshaus. Dem Leben vertrauen

Jörg Zink
Vor einigen Jahren habe ich das Buch »Wer glaubt, kann vertrauen« herausgebracht. Die Diskussion darüber ging inzwischen weiter. Dabei kam die Meinung auf, ich solle doch Dasselbe noch einmal sagen, gekürzt und mit der Zuspitzung auf den geistlichen Gewinn, den es bringen könne, wenn einer es mit dem christlichen Glauben versucht. Dabei sei vor allem an die zu denken, die sich mit dem Glauben schwer tun, um zu zeigen, was dem Verfasser im Laufe seines langen Lebens hilfreich gewesen sei. So wird nun an Stelle einer weiteren Auflage jenes ersten Buches eine veränderte Neufassung und im Kern ein neues Buch angeboten. Ein Teil des Textes ist in Verszeilen gesetzt; das sind die Stücke, die sich für ein langsames Meditieren besonders eignen.

Jörg Zink

Glauben
heißt vertrauen

Gütersloher Verlagshaus

Bibliografische Information der Deutschen Nationalbibliothek
Die Deutsche Nationalbibliothek verzeichnet diese Publikation
in der Deutschen Nationalbibliografie; detaillierte bibliografische Daten sind im Internet über http://dnb.d-nb.de abrufbar.

Mix
Produktgruppe aus vorbildlich
bewirtschafteten Wäldern, kontrollierten
Herkünften und Recyclingholz oder -fasern
www.fsc.org Zert.-Nr. SGS-COC-004278
© 1996 Forest Stewardship Council

FSC

Verlagsgruppe Random House FSC-DEU-0100
Das FSC-zertifizierte Papier *Munken Premium* für dieses Buch
liefert Arctic Paper Munkedals AB, Schweden.

1. Auflage
Copyright © 2009 by Gütersloher Verlagshaus, Gütersloh,
in der Verlagsgruppe Random House GmbH, München

Umschlagbild: Hansruedi Koller, Zürich
Druck und Einband: Těšínská tiskárna, a.s., Česky Těšín
Printed in Czech Republic
ISBN 978-3-579-06492-5

www.gtvh.de

Inhalt

1. Du suchst ein erfülltes Leben

Vielen geht es so. Und es mag sein, dass es auch dir unbehaglich wird, wenn einer vom Glauben spricht. Es mag sein, dass du es vorziehst zu sagen: Ich halte mich an das, was ich sehe. Glauben ist mir zu unrealistisch.

Aber könnte es nicht sein, dass viel in unserer Welt wirklich ist, das du nicht sehen kannst? Und heißt denn »glauben«, dass einer etwas Unvernünftiges für vernünftig hält, weil er seinen Verstand nicht gebrauchen will? Oder dass er etwas Ungewisses hinnimmt, weil er nicht genau denkt? Oder heißt es nicht eher: dass er weiterdenkt, wenn andere zu denken aufhören?

Er träumt ja nicht von einer jenseitigen Welt, weil er mit der hiesigen nicht zurecht kommt, er sucht vielmehr nach dem Zusammenhang dessen, was er sieht, und dem, was er nicht sehen und wissen kann, nach dem Ganzen des Daseins also und seinem Sinn.

Er klammert sich nicht deshalb an Ereignisse und Meinungen von gestern, weil er mit der heutigen Welt nicht zurecht kommt. Er hat aber verstanden, dass wir Heutigen keineswegs alle Wahrheit neu erfinden müssen, und nimmt ernst, was Menschen vor ihm erfahren und gedacht haben und was sie vermutlich in einer fernen Zukunft noch finden und denken werden. Und er nimmt dabei das auf, was wir heute neu finden und denken – und glauben – müssen.

Wenn du bereit bist zu glauben, wird deine Welt größer, und im Vertrauen auf viele Kräfte, von denen du weißt, kannst du vertrauen, auch wo du nichts siehst. Du kannst deiner Sache sicher sein, auch wenn du keine Beweise hast. Du siehst offenen Auges in eine Welt der unübersichtlichen Tatsachen und weißt dabei, dass du geführt wirst. Du kannst darauf vertrauen, dass dein Leben gelingen und zu einem guten Ende führen wird, auch wenn du das nicht erzwingen kannst. Denn dein Glaube ist nicht der Traum, der dir dein Leben leichter macht, sondern die Grundlage für ein Leben, das diesen Namen verdient. Glauben heißt, im Schutz einer Macht zu stehen, die wir Gott nennen.

Vielleicht erlebst du irgendwann, dass alle deine Hoffnungen scheitern, dass dir alles, was dir wert und lieb ist, zwischen den Fingern zerrinnt, dass dir alles misslingt, was du doch so gut gemeint hattest. Dann heißt glauben darauf vertrauen, dass es neue Anfänge gibt, auch für ein gescheitertes Leben.

Wenn du glaubst, gehst du deinen Weg und machst deine Erfahrungen. Und du bewahrst sie. Du schaust auf das schon gegangene Stück deines Weges dankbar zurück. Du schaust mit Vertrauen auf das kommende. Du weißt, dass der ganze Lauf deines Lebens in einer guten Hand bewahrt ist. Du lässt dir von Sorgen und Ängsten nicht den Mut abkaufen. Du bewahrst deine Leichtigkeit und deinen Humor, wenn du sagen willst, was groß und was klein ist, wichtig und unwichtig.

Glauben ist eine Kraft, die alles weckt, was das Leben lebendig macht. Mir ist einfach wichtig, ob in mir etwas Lebendiges ist. Ob sich in mir noch etwas sehnt. Ob ich noch Träume und Hoffnungen und Zukunftsbilder habe. Ob in mir noch etwas brennt wie ein Feuer. Oder anders gesagt, ob meine Seele noch Flügel hat. Ob ich mich noch freuen kann, ob ich staunen, ob ich von Herzen an etwas teilnehmen kann. Ob ich mich frei fühlen kann und tun, was jetzt getan werden muss. Mir ist wichtig, wie und was und an wen ich glaube.

2. Für mich begann es damit, dass ich den Mann aus Nazareth kennen lernte

Das war, als ich zwanzig war. Damals war ein Krieg. Eine Zeit, in der alles vor die Hunde ging, was wir als ein gutes bürgerliches Leben kannten, meine Freunde und ich. Und in der wir gezwungen waren, darüber nachzudenken, was denn an dem christlichen Glauben »dran« sei, den wir gelernt hatten. Wer steht denn dafür gerade, so dachten viele in der damaligen Zeit, dass das wahr ist, was wir glauben sollen? Dass das alles nicht unsere Phantasie ist, unsere Wunschvorstellung? Denn damals wie heute steht fest: Was wir über Gott und die Welt, über Leiden und Katastrophen, über die Zukunft und ihren Sinn denken und glauben wollen, können wir nicht einfach den Meinungen unserer Zeit entnehmen, und wir können es auch nicht selbst und allein erfinden. Wer das meint, überschätzt sich. Was wir uns an der Grenze zu den unsichtbaren

Wirklichkeiten, zu den hintergründigen Kräften in unserer Welt ausdenken, wird immer schmal und ungenau sein, einseitig und wahrscheinlich falsch.

Wir bringen uns nicht selbst zur Welt. Wir erhalten uns nicht selbst am Leben. Wir lernen beinahe alles, was wir wissen und können müssen, von anderen. Was wir denken, knüpft fast immer an Gedanken an, die andere vor uns gedacht haben. Woher also nehmen wir die Gedanken, mit denen wir unserem Leben auf den Grund gehen wollen, wenn wir nicht Gefahr laufen wollen, am Ende zu sehen: Wir sind hereingefallen?

Wenn wir uns nun fragen, was denn am christlichen Glauben wichtig sei, was gültig, was maßgebend an einer christlichen Moral oder einer christlichen Lebensführung, so werden wir immer bemerken, dass alles mit der Gestalt jenes fernen Mannes aus dem galiläischen Bergland steht und fällt, den wir den Christus, den Beauftragten Gottes, nennen. Dass sich an ihm alles orientieren wird, was wir danach als »christlich« bezeichnen, an jenem einsamen Mann, der vor zweitausend Jahren in seiner Heimat von Dorf zu Dorf zog und den Menschen für ihr mühsames Leben einen Weg zeigte, seinen Weg und den ihren.

Mit allem, was er tat, verstand er sich als einen Hinweis, als ein Zeichen, das auf Gott verwies. Was er sagte, das sagte er als Sprecher Gottes. Was er tat, das tat er, um zu zeigen, was Gott tut. Seinen Lebensweg ging er, um zu zeigen, wie ein Mensch ihn geht, der sich von Gott geführt weiß. Und wir nehmen ihm ab, was er zeigt, weil wir ihm glauben, dass er mehr von Gott weiß als wir und dass er tiefer in die

Wirklichkeit dieser Welt blickt und in ihre rätselhafte Tiefe als wir alle. Für das, was er uns von Gott sagte, stand er bis zu seinem Tod ein. Von den Frommen freilich unter seinen Zeitgenossen ertrugen viele ihn und seine Botschaft nicht. Er stand ihnen gegenüber, ohne sich zu wehren, und wurde von ihnen getötet. Angesichts seines Todes aber können wir glauben, dass Gott uns nahe bleibt, auch wenn wir von Angst und Verzweiflung getrieben sind, verlassen oder zu Opfern gemacht, und am Ende, wenn wir sterben.

Seine Freunde, die ersten Christen, machten die Erfahrung, dass ihnen Jesus nach seinem Tod lebendig begegnete, dass also die Wirklichkeit dieser Welt einen tiefen Hintergrund hat, in dem eine ganz andere Art von Lebendigkeit am Werk ist und eine ganz andere Art von Realität besteht, nur, dass unsere Sinne, mit denen wir jetzt leben, nicht dafür taugen, sie uns zu zeigen. Wir sehen also voraus auf ein neues Leben nach unserem Tod, weil Jesus uns zeigte, was es heißt, den Weg durch den Tod hindurch zu gehen. Wir wagen es also mit dem lebendigen Gott, weil Jesus es mit ihm gewagt hat.

An diesem Jesus, an seinem Leben, seinem Tod und seinem Auferstehen messen wir unsere eigenen Pläne und Absichten, unser Tun und Denken und Verhalten. Er wird uns zum Meister unseres Weges. An ihm wird zuletzt gemessen, was unser Leben wert gewesen ist. Was vor ihm standhält, hält wirklich stand. Was sich vor ihm als Schein, als Fassade, als Täuschung oder Irrtum erweist, ist endgültig vertan.

Ich habe immer wieder die Erfahrung gemacht, dass mein eigenes Tun und Denken besser gelingt, wenn ich es an dem Muster abnehme, das mir Jesus bietet.

Ich meine auch, das Leben habe Rätsel und Mühen genug, und möchte mir nicht vornehmen, alles, was mir hilft, es zu bestehen, von meinen eigenen Kräften und Gedanken zu erwarten. Ich meine, es sei Streit und Hass und Krieg genug in der Welt und in mir selbst, und möchte den Frieden gerne annehmen, den mir Jesus eröffnet. Ich meine, es sei genug der Irrwege, die Menschen um mich her gehen und in die ich mich selbst verlieren könnte, und nehme gerne den Weg an, den er mir zeigt. Den aber gehe ich nicht so, wie »man« ihn geht, sondern auf die Weise, die mir Jesus zeigt.

3. Sieh zu, wie er mit den Menschen umgeht

Ich sehe also Jesus vor mir. Mit einer
Gruppe von Frauen und Männern zog
er durch das Land, in dem er zu Hause
war, durch den Norden Israels. Er ging
in den Dörfern auf die Menschen zu,
in den Hütten und auf den Straßen.
Er redete mit ihnen, aß mit ihnen,
zeigte ihnen Wege, sprach mit ihnen
über ihre Mühsal und die Nöte ihres
bedrückten Lebens. Er zeigte ihnen,
wer Gott sei, und was er für sie tue.
Er war ein Mensch wie andere Menschen, also ein von Gott geliebtes,
ein zur Liebe fähiges Wesen.

Wenn er die Menschen sah,
so wird erzählt, taten sie ihm leid,
denn sie waren verlassen und zerstreut,
verhungert und heruntergekommen
»wie Schafe, die keinen Hirten haben«.
Er sah sie krank. Er sagte nicht:
Die Krankheit muss sein,
sondern er heilte die Krankheit.

Er nahm Gelähmte an der Hand
und richtete sie auf.
Er sah sie krank an ihrer Seele,
zerstörenden Mächten ausgeliefert,
beherrscht von dunklen Gewalten,
und machte sie frei.

Er trat für die Würde der Menschen ein,
gegen die, die sie mit Füßen traten.
Er stellte sich auf die Seite der Ärmsten
gegen alle soziale Ordnung und gegen
alle religiöse Überforderung,
gegen Gewalt und Rechthaberei.
Er widerstand aller Resignation
in seinem armen, besiegten,
besetzten, ausgebeuteten Land.

Er sah die vielen Aufgegebenen,
die hoffnungslosen Fälle,
von denen die Gerechten und
Geordneten nichts mehr erwarteten,
und sprach von der Neugeburt
schon erledigter Menschen
aus der schöpferischen Güte Gottes.
Wer zu ihm kam,
brauchte nicht nachzuweisen,
dass er sich geändert habe.
Er erhielt die Freiheit,
sich zu ändern,
und wenn er ging,
wurde er mit dem Wort entlassen:
»Geh hin in Frieden!«
Beende nun allen Krieg,
Gott hat allen Unfrieden beendet.
Nun beende auch du ihn
dir selbst gegenüber und den anderen.

Denn du hast,
wenn du mit mir sprichst,
in Wahrheit mit Gott zu tun.
Wenn ich dich annehme,
darfst du glauben,
dass Gott dich angenommen hat.
Nun nimm dich auch selbst an.
Wie solltest du deinen Nächsten
lieben können wie dich selbst,
solange du gegen dich selbst
Krieg führst?

Er sah sie mit sich selbst zerfallen,
mit sich selbst im Streit,
in Verfestigungen verstrickt,
ihrer Schuld und ihrem Versagen
ausgeliefert,
unfähig zum Frieden mit sich selbst
und anderen
und unfähig zum Frieden mit Gott.
Er nahm ihre Schuld von ihnen,
die Angst vor der Vergangenheit
und die Angst vor der Zukunft,
die Angst vor den irdischen Richtern
und die Angst vor der Strafe Gottes,
und er gab ihnen neue Anfänge.

Und wir verstehen dabei: Jesus verstand sich als Arzt. Etwas vom Sichersten, das wir von ihm wissen, ist, dass er als Heiler aufgetreten ist. »Sie sind krank. Sie brauchen einen Arzt«, sagt er. Das Ziel der Heilung war ihm die aufrechte Gestalt eines freien, zu eigener Entscheidung fähigen Menschen in einer stützenden Gemeinschaft. Das Wort »Therapie« bedeutet, genau verstanden, den gärtnerischen Umgang mit der Erde. Es heißt den

Boden bereiten für das, was dann in ihm gedeihen soll. Vielleicht lesen wir doch einmal auch die merkwürdigen Wundergeschichten aus den Evangelien neu auf diese Weise. Heilung ist der Ausgangspunkt, von dem aus Jesus uns unseren Weg zeigt.

Jesus lebte nicht für seinen Erfolg.
Er stand zu den Menschen,
die ihn brauchten,
auch als er sah,
dass er gegen die etablierten
Autoritäten nichts ausrichtete.
Er kämpfte gegen die
Selbstgerechtigkeit der Frommen,
wo immer er sie antraf,
gegen die Erstarrung der Verhältnisse
und gegen die Heuchelei rundum.
Er löste die Menschen
aus ihren Sorgen,
gab ihnen Augen für die Not
der anderen und den Willen,
ihnen zu helfen.
Er zeigte ihnen eine große Zukunft:
das Reich der Vollendung
und des endlich durchgesetzten Rechts:
das »Reich Gottes«.

Wenn wir ihn, den Menschen Jesus,
sehen,
wird uns zugleich deutlich,
wer Gott ist.
Denn was er tat, tat er so,
dass den Menschen ein Bild
des gütigen Gottes
vor Augen stand, wenn sie ihn sahen.

Er war der Bürge für das,
was er über Gott und von Gott her
zu ihnen sagte.
Und das galt bis in seinen Tod,
den er um dieser Bemühung
für die Menschen willen
auf sich nahm.

Aber warum musste Jesus sterben? Wir können sagen: Was er wollte, war neu. Es passte nicht in die Welt. Autoritäten fühlten sich entmachtet. Traditionen sollten nicht mehr gelten. Ordnungen waren aufgehoben, also rächten sich die Herrschenden. Wir können auch sagen: Jesus musste sterben, weil er nicht verstanden wurde. Oder: Er musste sterben, weil er verstanden wurde. Oder: Er musste sterben, weil die Welt so ist, wie sie ist. Weil das Menschenherz so ist, wie es ist. Weil die Macht des Bösen so ist, wie sie ist. Jesus suchte aus seiner Nähe zu Gott die Nähe zu den Menschen und stand zu ihnen. Als es gefährlich wurde, entzog er sich nicht, sondern stand zu dem, was er gesagt und getan hatte. Mit seinem Tod besiegelte er: Was ich gesagt habe, gilt. Dass Gott euch liebt, dafür sterbe ich.

Aber hinter seinem Tod stand auf rätselhafte Weise der Wille Gottes. Es geht, wie immer wir das deuten wollen, allemal um die Aussöhnung zwischen Gott und unserem Widerspruch. Nach diesem Tod dürfen wir sagen: Es ist alles gut zwischen Gott und uns. Warum das so ist, das haben Christen in allen Jahrhunderten immer wieder anders gedeutet. So sprachen sie von Stellvertretung. Aber was das wirklich ist, konnte niemand begreiflich machen. Es bleibt das Geheimnis zwischen Jesus und Gott. Und hier eigentlich wurzelt unser Glaube.

4. Du hörst, was er dir und mir heute zuspricht

Jesus sagt: Du bist von dem Augenblick an, in dem du, was damals geschehen ist, in dich aufnimmst, ein freier Mensch. Du bist frei, weil du auf einem festen Boden stehst und dich nicht zu sichern brauchst. Ein Stärkerer hält dich.

Er sagt: Du bist unbedroht.
Du brauchst dich nicht zu fürchten.
Du kannst schwach werden,
aber du brauchst nicht
auf den eigenen Füßen zu stehen.
Es kann dir alles genommen werden,
aber nichts brauchst du krampfhaft
festzuhalten.
Alles, was für dein Leben
notwendig ist,
wird dir im entscheidenden Augenblick
ungefährdet in der Hand liegen.
Du kannst angegriffen werden,
aber du brauchst dich nicht zu wehren.
Es wird dir alles, von dem du wirklich
lebst, zukommen wie ein Geschenk.

Er sagt: Du hast kein Urteil
und keine Strafe zu fürchten.
Es ist unendlich schwer, in dieser Welt
und in den täglichen Verhältnissen
das Richtige zu tun.
Aber Gott verlässt dich auch nicht,
wenn dir deine Verantwortung
zu schwer wird.
Es mag unmöglich sein,
ein unschuldiges Herz zu bewahren,
aber Gott misst dich nicht an deiner
Unschuld,
sondern an deiner Liebe zu denen,
die gleich dir schuldig sind.

Er sagt: Gott sieht dich.
Er sieht in dich hinein.
Aber nicht wie ein neugieriger Mensch,
nicht wie ein Aufpasser oder
Untersuchungsrichter.
Ganz anders.
Gott sieht dich wie einer,
der dich sehr liebt.
Es gibt aber keine klareren,
keine schärferen Augen
als die der Liebe.
Die Liebe Gottes ist unbestechliches
Wissen,
das doch nicht verachtet,
nicht beschämt.
Weil Gott groß ist
und weil seine Größe Liebe ist,
darum hat es Sinn
und ist es gut,
dass er alles weiß.

Er sagt: Du sollst glücklich sein.
Nicht für einen Augenblick,
sondern auf die Dauer.
Glück ist die Sorglosigkeit,
die dort entsteht,
wo du deine Sorge Gott anheim gibst.
Es ist die Gelassenheit,
die dort einkehrt,

wo der Wille Gottes an die Stelle
getreten ist,
an der sonst dein eigener Wille
sich durchsetzt.
Glück ist das Vertrauen,
dass das Gelingen deines Lebens
nicht von dir abhängt,
sondern dir geschenkt wird.
Sorglosigkeit ist Glaube
an den Reichtum
der Freundlichkeit Gottes,
sie ist die Weise zu leben,
in der die ihr Leben zubringen,
die sonst Grund hätten, sich zu sorgen.

Er sagt: Du bist gesegnet.
Wenn Segen über einem Leben waltet,
dann bedeutet das, dass es Sinn hat.
Dass es gedeiht,
dass es wächst.
Es wirkt auf das Leben
anderer Menschen befreiend,
lösend, schützend.
Es weckt Vertrauen.
Es schafft Mut zu leben.
Versuche glücken,
Werke gelangen zur Vollendung.
Am Ende bleibt so etwas wie Frucht.
Die Arbeit zehrt das Leben nicht aus,
sie ist Quelle eines sinnvollen Wirkens.
Ein alternder Mensch,
dessen Leben gesegnet ist,
geht nicht zugrunde.
Er reift. Er wird klarer.
Er lebt gelassener.
Und er stirbt am Ende,
wie die Bibel sich ausdrückt,
lebenssatt, das heißt so,
wie einer von einer guten Mahlzeit
aufsteht.

Er sagt zuletzt: Vor dir liegt ein Weg.
Dein Weg führt dich weder ins Nichts
noch ins Unbekannte,

weder in die Wirrnis
noch in den ewigen Kreislauf.
Er führt geradeaus in die Helle
und in die Freiheit.
Jesus spricht vom »Reich Gottes«.
Das brauchst du nicht herzustellen.
Es kommt und nimmt dich auf,
wie du auch den Sinn deines eigenen
kleinen Lebens
nicht zu machen brauchst,
sondern empfängst.

Ich stelle also unsere ursprüngliche
Frage:
Was hat ein Mensch davon,
dass er glaubt?

Ein Mensch, der glaubt,
greift über alles hinaus,
horcht über alles hinaus,
was es in diesem Leben zu begreifen
und zu verstehen gibt,
und findet die alles umgreifende
Macht,
die wir Gott nennen.
Er ist kein Übermensch.
Seine Kraft hat Grenzen.
Er ist verletzlich an Leib und Seele.
Er kann sich nicht an sich selbst
festhalten.
Er glaubt aber an Gott
und verlässt sich auf eine Macht,
die ihn hält.

Ein Mensch, der glaubt, ist nicht allein.
Er lebt mit Gott.
Er kann zu ihm sprechen.
Er weiß sich von ihm angesprochen.
Er weiß, dass er gehört wird.
Er ist geborgen.

Wer an Gott glaubt, ist frei.
Er braucht nichts zu sein,
was er nicht ist,
nichts zu zeigen,
was er nicht hat,
und nichts zu leisten,
was er nicht kann.
Er braucht Tod und Schwachheit
nicht zu leugnen.
Er ist in der Angst nicht verlassen.
Wer an Gott glaubt, kann leben.

Wer mit Gott lebt,
wer sich in Gott weiß,
findet Frieden.
Er kann sich mit seinem Schicksal
aussöhnen,
er kann sich versöhnen
mit anderen Menschen
und mit sich selbst.
Wer mit Gott lebt und in ihm,
kann Frieden stiften um sich her
auf dieser Erde.

Könnten wir nicht darauf vertrauen,
dass sich auf diese Weise viel Wich-
tiges in unserem Leben, viel Unverstan-
denes klären ließe? Darauf vertrauen,
dass wir auf den Wegen solcher Ein-
übung, solcher Meditation auf unsere
eigene Weise der Wahrheit ansichtig
werden könnten?

5. Er hilft uns, mit Gott zu reden

Eines Tages wurde Jesus von seinen Begleitern gefragt, wie und was sie denn beten könnten, um ihrem neuen Verhältnis zu dem Gott, den Jesus ihnen zeigte, Ausdruck zu geben. Ihnen gab Jesus das eine Gebet, das seither in der Kirche als »Vaterunser« überliefert wird, als Grundbestand ihres und unseres Lebens vor Gott und mit Gott.

Das bedeutet, dass die unbekannte Welt, die auf allen Seiten unseres Lebens beginnt und ins Ungeheure wächst, ins Unheimliche auch, und von der wir uns auf rätselhafte Weise umgriffen fühlen, ein Gesicht bekommt. Dass sie uns näher kommt und begreiflicher wird, vor allem vertrauenswürdiger, wenn wir sie als den Raum verstehen, in dem wir einem »Vater« begegnen.

»Vater im Himmel!«
So beginnt es, Gott anzureden.

Damit sagen wir:
Gott! Wir wissen,
dass du über uns bist
wie der Himmel,
um uns her wie die Luft,
unter uns wie die Erde,
in uns wie wir selbst.
Wir sehen dich nicht und wissen doch,
dass du uns hörst.
»Himmel«, das ist deine Verborgenheit.
Mit dem Wort »Himmel«
deuten wir an,
dass wir keinen Zugang zu dir fänden,
wenn du nicht zu uns kämst.

Du bist der Vater dieser ganzen Welt,
der Sterne und des unendlichen
Weltraums
und so auch unserer Erde,
und Vater für uns Menschen.
Wir danken dir, dass du bei uns bist,
dass du uns hörst, wenn wir reden,
dass du zu uns redest.
Du bist die Kraft,
die diese ganze Welt bewegt.
Du willst, dass wir an deiner Kraft
Anteil haben
und am Reichtum deiner Gedanken.
Dir vertrauen wir.
Auf dich verlassen wir uns,
Vater im Himmel.

»Dein Name werde geheiligt.«
So lautet die erste Bitte.

Und es ist wirklich eine Bitte.
Denn für uns Menschen hängt
viel daran,
ob wir noch wissen und respektieren,
was und wer du bist.
Wir nennen ja vieles heilig,
das es nicht ist.
Das Vaterland, die Liebe,
die Rechtsordnungen,
Kirchengebäude, religiöse Bräuche,
Gottesdienste.
Dich aber, der allein heilig ist,
machen wir gern zu einem
ohnmächtigen »lieben Gott«.
Wir wollen aber,
wenn wir dich anreden,
unserem wirklichen Verhältnis zu dir
Ausdruck geben.

Wir stehen als unheilige Menschen
vor dir, dem Heiligen.
Wir wollen, dass diese Wahrheit
nicht verfälscht wird.
Wir sagen also:
Hilf uns, dass wir nie vergessen,
dass du nicht irgendwer,
sondern der heilige Gott bist.
Gib deinem Namen Gewicht und Kraft.
Klarheit in unseren Gedanken.
Fülle und Größe in unserem Herzen.
Mach dich spürbar wie die Luft,
sichtbar wie die Farben der Dinge,
hörbar als deine Stimme.
Und lass uns nie den unendlichen
Abstand vergessen
zwischen dir und uns.

»Dein Reich komme.«
So sagt Jesus in der zweiten Bitte.

Wir suchen Frieden für diese Erde,
Gerechtigkeit für die Menschen
und eine lebendige Schöpfung
um uns her.
Wir können es nicht hinnehmen,
dass unsere Staaten und Gesellschaften
durch Unrecht und Gewalt bestehen,
dass Menschen in Kriegen
zugrunde gehen
oder am Hunger oder dadurch,
dass unsere heutige Lebensweise
ihre Lebensgrundlage zerstört.

Wir wissen aber zugleich,
dass der Unfriede auch von uns selbst
ausgeht,
dass das Unrecht und die Gewalt
ihren Ursprung auch in uns selbst
haben.

Auch wir Christen sind weit entfernt,
Boten des Friedens zu sein
oder Erbauer deines Reiches.

Dein Reich kann niemand schaffen
außer dir selbst.
Dein Reich,
in dem die Angst der Kreatur
aufgehoben ist und die Hoffnung
der Menschen erfüllt,
ist das Ziel, in das alle Dinge münden.
Wir bitten nicht:
Lass uns in den Himmel kommen!
Sondern: Lass dein Reich kommen
zu uns auf diese Erde
und vollende diese Welt zu deinem
Reich!

»Dein Wille geschehe auf der Erde
wie im Himmel.«

Jeder, jede von uns hat einen eigenen
Willen.
Jedes Wesen dieser Welt will leben,
und immer steht Wille gegen Willen.
Aber wir haben verstanden,
dass dein Wille der einzige ist,
den zu verwirklichen sich lohnt.
Wir bitten also,
lass deinen Willen geschehen.
Dein Wille kann wollen,
dass wir zu leiden haben.
Dass uns alles fehlt,
was uns das Leben sinnvoll
erscheinen lässt.
Aber wenn es dein Wille ist,
so möge er geschehen.

Wo wir Menschen am Werk sind,
geschieht dein Wille nur,
wo wir ihm Raum geben.
Und immer ist die Gefahr,
dass wir ihn hindern.
Wir möchten aber,
dass dein Wille Gestalt und Wirkung
gewinnt auch unter uns Menschen.
Wir möchten unser Leben
dafür einsetzen,
dass unter uns geliebt wird,
getröstet, geschützt und befriedet.
Nimm also unsere Herzen
zum Werkzeug deines Willens.
Denn wo sollten Erfüllung liegen
und Sinn, wenn nicht
in deinem Plan und Wirken?
Darum:
Setze ihn durch nicht nur im Himmel,
sondern auch bei uns. In uns.
Und durch uns auf dieser Erde.

»Unser tägliches Brot gib uns heute.«

Eigentlich heißt es: »Unser Brot – das
für den heutigen Tag – gib uns heute.«
Wir bitten also um nicht mehr als das,
was wir jetzt, heute, brauchen.

Wir gehören nun zu den Menschen,
denen es gut geht,
die versorgt sind mit allem,
was sie brauchen,
und mit vielem,
das sie nicht nötig hätten.
Wir verlassen uns darauf,
dass wir nicht nur das Brot
für diesen Tag, sondern auch
für die eigene Zukunft haben.

Wir sind bevorzugt vor Milliarden
von Menschen,
die nicht zu essen
und zu trinken haben,
die ohne Arbeit und ohne ärztliche
Versorgung in den Slums
auf dieser Erde umkommen.
Wir bitten also:
Befreie uns von Raffgier
und von unserer Meinung,
alles stehe uns zu.
Gib uns vielmehr das Brot
für den heutigen Tag
und hilf uns, es in Gerechtigkeit
zu verteilen.

Wir leben aber nicht vom Brot allein,
sondern mehr noch von deinem Wort.
Du gibst uns allen nicht nur das Brot,
sondern auch das Wort.
Mach uns zum Brot
für die Hungernden und zum Wort
für die, die unser Wort brauchen.
Gib allen das Brot durch unsere Hände
und durch unser aller Wort.

»Vergib uns unsere Schuld.«

Wir leiden darunter,
dass wir anderen Unrecht zufügen
und die Folgen unseres Tuns nicht
auslöschen können.
So bitten wir um die Vergebung,
die allein einen neuen Anfang gibt.
Mach du, Vater,
jeden Tag einen neuen Anfang mit uns.
Denn wir können nicht frei
und glücklich leben,
wenn wir unser Versagen
mit uns herumtragen.
Liefere uns nicht den Folgen
unseres Unrechts aus,
den Folgen unseres Redens
und unseres Verhaltens.

Dass wir das ernst meinen,
zeigen wir damit,
dass wir anderen nicht anrechnen,
was sie gegen uns denken,
reden oder tun.
Die Verbindung aber
zwischen der Vergebung,
die wir von dir erbitten,
und der, die wir anderen gewähren,
bringt unsere Zukunft in große Gefahr.
Wir möchten deshalb gerne bitten:
Vergib uns, auch wo wir selbst nicht
vergeben können.
Vergib uns mehr, als wir vergeben.
Aber das Gebet hat keine Ermäßigung
bereit.
Es lautet:
Vergib uns unsere Schuld,
wie wir denen vergeben,
die an uns schuldig werden.

»Führe uns nicht in Versuchung.«

Damit meinen wir:
Gott, es gibt so viel Schmerzen
in der Welt.
So viel Leiden. So viel Unrecht.
Es ist so viel Lüge, und wir wissen
kaum mehr,
was Wahrheit ist.
Es ist so viel Gewalt und Hass,
Krankheit und Tod.
Behüte uns davor,
an dir irre zu werden,
deine Hand zu verlieren
und andere Mächte für wirklicher
zu halten als dich.
Bewahre uns davor,
an den Rätseln dieses Daseins
zu verzweifeln
und unseren Weg zu suchen,
wie unsere Angst ihn gehen will.

Wir sind unseres Glaubens niemals
sicher.
Wir sind in Gefahr, an unseren Kräften
zu verzweifeln,
weil wir von dir nichts erwarten
oder meinen, du seiest tot.
Das ist die eigentliche Versuchung.

Halte uns bei dir fest,
solange wir leben,
und später,
wenn wir diese Welt verlassen haben,
denn immer brauchen wir deine Hand.

»Erlöse uns von dem Bösen.«

Überall in der Welt herrscht
eine dunkle Macht
über die Menschen und die Völker.
Eine Macht, die dir entgegen ist.
Überall in uns,
auch in unseren besten Absichten,
auch in unseren reinsten Gedanken,
auch in unserem rechtschaffenen Tun
und Opfern,
ist ein dunkler Wille,
den wir nicht beherrschen.

Das ist ein Rätsel,
das wir nicht verstehen.
Wir wissen,
dass du alle Macht hast
im Himmel und auf der Erde.
Und doch sind wir diesem
gegen dich
gerichteten Drang und Zwang
ausgeliefert.

Wir können aber bitten:
Mach uns frei davon.
Wir selbst richten nichts aus.
Mach uns zu freien Menschen.
Hier auf der Erde
und auch in jenem fernen
anderen Leben,
das du uns eröffnen wirst.
In deinem Reich.

Das alles soll gelten:

»Denn dein ist das Reich
und die Kraft und die Herrlichkeit.«

»Dein ist das Reich«, damit sagen wir:
Nichts ist, wenn es nicht in dir ist.
»Dein ist die Kraft«, damit sagen wir:
Es ist keine Kraft in der Welt,
in der du nicht wirktest.
»Dein ist die Herrlichkeit«,
damit sagen wir:
Was es an Großem, an Schönem,
an Wunderbarem
gibt in unserer Welt,
ist groß, ist schön,
ist wunderbar dadurch,
dass du in ihm bist.
Und das gilt in Zeit und Ewigkeit.

6. Die Welt ist voll von den Rätseln des Bösen. Auch du und ich sind es

Die Welt ist nicht nur ein Blumengarten. Jedes Lebewesen muss sich mit Krallen und Zähnen und mit allen seinen Kräften gegen andere Kräfte zur Wehr setzen, will es überleben. Jedes Lebewesen muss fürchten, von Angst und Schmerzen und Hunger verfolgt zu werden. Jedes geht seinem Tod entgegen, auch wenn es davon kaum etwas ahnt.

Wie aber soll ich mit dem Dunkel in Gott und mit dem Dunkel in meinem Dasein umgehen? Was sagt mir das Evangelium?

Es sagt als Erstes:

Du bist geführt.
Dein Weg ist in den Gedanken Gottes
vorgezeichnet.
Er wird dich an dein Ziel bringen,
an dem dein Leid
von dir genommen wird.
Sieh auf Jesus.
Er hat hinsichtlich des Elends
dieser Welt klar gesehen
wie kein anderer.
Und er hat vertraut.
Nimm also dein Leid an.

Ein Zweites:

Angesichts deiner eigenen Schuld
und der Schuld anderer
verlasse dich darauf,
dass Gott ein vergebender Gott ist,
nicht ein rächender.
Und dass du dazu bestimmt bist,
dich zu wandeln
und deine eigentliche Gestalt,
die Gott sieht, zu erreichen.

Ein Drittes:

Angesichts des Todes
anderer Menschen
und deines eigenen
nimm die Kraft in Anspruch,
die in der Hoffnung liegt.
Bitte Gott,
dass diese Hoffnung in dir
stärker werde solange,
bis sie dich zu tragen vermag.
Dein Weg führt weiter.
Der Tod hat keine Macht über dich.

Das Evangelium ist eine einzige
Aufforderung an uns,
die Gegenkräfte wach zu rufen,
mit denen wir die Rätselhaftigkeit
unseres Daseins
bestehen und durchstehen können.
Die Gegenkräfte, mit denen wir es so
gestalten können,
wie es unser Glaube vor Augen hat:
als Leben in Gott.

Was stellen wir all dem Dunklen, Gefährlichen entgegen? Wir haben ein Glaubensbekenntnis. Mit dem aber beschreiben wir nicht den dreieinigen Gott, sondern die dreifache Erfahrung, die wir mit ihm machen. Wir erfahren ihn als den Schöpfer und Gestalter der Welt. Wir erfahren ihn in Jesus Christus. Wir erfahren ihn in uns selbst durch den heiligen Geist. Diese dreifache Erfahrung stellen wir allen unseren Lebenserfahrungen entgegen und sagen:

Wir glauben an dich, Gott.
Aus deiner Hand kommen alle Dinge.
Aus dir kann nichts fallen.
Aus deinem Plan kommen Glück
und Leid
für uns und alle deine Geschöpfe.
In dich kehren wir zurück.

Wir glauben an Jesus, den Christus,
unseren Bruder.
Er zeigt uns den Weg. Er steht uns bei.
Er zeigt uns dich als unseren Vater.
Er leidet unser Leid mit,
und er stirbt mit uns unseren Tod.
Er führt uns aus dem Tod ins Leben.

Wir glauben an den Heiligen Geist,
der uns erfüllt, wenn du ihn sendest,
der uns eint und zu deinem Volk
macht.
Er tut uns das Herz auf für dein Wort.
Er ist das Licht, das unseren Geist
erleuchtet,
und die Kraft auf unserem Weg.

7. Jesus sagt uns:
Ihr seid unendlich wertvoll

Jesus begann mit den Menschen, die er in ihrer Verwirrtheit und Angst antraf, so, dass er ihnen ein neues Bild ihrer selbst verschaffte. Er sagte ihnen: An euch ist nicht das Wichtigste, dass ihr Versager seid. Zu den Armen und Verachteten von Galiläa sagte er: Viele sagen euch: Ihr seid der letzte Dreck! Ich aber sage euch: Ihr seid Erde. Ihr seid ein Acker. Ich werfe eine Saat in euch. Gebt ihr Raum. Aus ihr wird der Sinn und Ertrag eures Lebens hervorwachsen. Aus eurem Leben kann etwas Schönes entstehen. Was ich das »Reich Gottes« nenne, kann in euch wachsen, und am Ende wird sich zeigen, dass ihr an dem großen Ziel der Menschheitsgeschichte das Eure mit bewirkt habt.

Jesus beginnt also nicht damit, dass die Menschen etwas Bestimmtes, Frommes oder Moralisches zu tun hätten, durch das sie aus dem Sumpf ihrer Lebensgeschichten herauszukommen hätten,

er beginnt vielmehr umgekehrt damit,
dass er ihnen ihre Würde zurückgibt.
Dass er ihnen zeigt, was aus ihnen
werden kann, dass er sie ermutigt.
Dass er sie befähigt, zu werden,
was ihnen bestimmt ist.

Wenn Jesus also einem Menschen
gegenüber stand,
so sagte er ihm als Erstes:
Du bist ein Licht! Also leuchte!
Man zündet eine Lampe nicht an,
um einen Eimer darüber zu stülpen.
Man stellt sie frei auf.
Brenne also und leuchte
und lass frei von dir ausgehen,
was in dich gelegt ist.
Habe den Mut, zu sein, was du bist:
ein freier Mensch, berufen,
ein Licht zu sein.

Ein Zweites sagte er ihnen,
dem Mann oder der Frau:
Du bist ein ganzer Mensch.
Also teile dich nicht.
Du kannst nicht zwei oder drei Herren
zugleich dienen.
Zum Beispiel nicht Gott und dem Geist
des Geldes.
Du kannst auch die Menschen
deiner Umgebung
nicht teilen in die Guten, die du liebst,
und die Bösen, die dein Hass trifft.
Gott lässt seine Sonne
über den Guten und den Bösen
scheinen.
Er ist eins in sich.
Sei also aus einem Stück.
Sei ganz in dem, was du glaubst,
ganz in dem, was du liebst,
was du tust.
Und sei auf diese Weise ein Trost
für die Menschen um dich her,
die an sich selbst zweifeln.

Ein Drittes: Stütze dich nicht auf etwas,
das vergeht.
Sammle dir keinen Reichtum.
Was ist denn wichtiger:
das Gepäck, das du trägst,
oder der Weg, den du gehst?
Je schwerer das Gepäck,
desto kürzer wird die Strecke sein,
die du zurücklegst.
Du kannst keinen Möbelwagen
mitnehmen,
wenn die Tür eng wird.
Du bist frei in dem Maß,
in dem du Ballast ablegst.
Suche keinen Reichtum.
Du bist schon reich.
Darum verschwende dich.
Ein blühender Baum schafft
Millionen Samen.
Wenige fallen in die Erde und
wachsen auf.
Das ist Verschwendung.
Aber so ist das Leben.
Du bist entstanden
aus der verschwenderischen
Schaffenskraft Gottes.
Gott legt seine Liebe in dich,
damit du sie weitergibst. Überall hin.

Ein Viertes: Du hast deinen Wert
daraus,
dass Gott dich Wert achtet.
Suche also keinen Applaus von den
Menschen.
Es ist üblich, dass man oben sein will,
dominieren, geehrt sein, anerkannt,
dass man eine herrschende
Position sucht.
Aber du stellst deinen Wert
am glaubwürdigsten dar,
wenn du zeigst, woher du ihn hast.
Wenn du sagst, dass er dir geschenkt,
dass er dir verliehen ist von Gott selbst.
So wirst du ein freier, unabhängiger
Mensch sein.

Ein Fünftes: Du hast Augen,
also nimm dich selbst wahr
mit allen deinen Fragwürdigkeiten.
Du eignest dich nicht zum Richter
für andere Menschen.
Richte niemanden, verurteile keinen.
Du bist nicht besser als er.
Was euch verbindet,
ist das Krumme an ihm und an dir.
Was euch verbindet ist wichtiger,
als was euch unterscheidet.
Kein Heiliger ist ohne Vergangenheit
und kein Verbrecher ohne Zukunft.

Ein Sechstes: Fürchte dich vor niemand.
Du bist nicht bedroht.
Du bist gehalten.
Du lebst im Schutz der Kraft Gottes,
die um dich ist.
Und aus der Kraft Gottes in dir selbst.
Du hast deinen Weg
und brauchst dich nicht zu fürchten
vor Gefahren, die an ihm drohen,
nicht vor einer Macht,
die ihn verstellen könnte.
Was dir begegnen kann,
ist immer kleiner als Gott, der dich ruft.
So geh.

Ein Siebtes: Dir ist das Leben gegeben
und eine bestimmte Lebenszeit.
Verbrauche also nicht das Leben
und deine Zeit,
verbrauche keine Energie mit Sorgen.
Du richtest wenig mit ihnen aus.
Du kannst dir überlegen,
was du tun musst,
um dein Leben zu erhalten.
Aber tu es,
ohne dich dabei im Kreis zu drehen.
Vielleicht fällt uns hier auf,
dass in Jesus etwas ungemein
Heiteres war,
eine lächelnde Überlegenheit.
Du kannst dein Leben
mit allen deinen Sorgen
nicht um einen halben Meter
länger machen, sagt er.
Wichtiger ist,
ob Gerechtigkeit von dir ausgeht
oder etwas wie Frieden.
Behalte dein Ziel im Auge,
alles andere ist von geringerer
Wichtigkeit.

Ein Achtes: Dir ist Glück zugedacht.
Geh darauf zu und sei glücklich.
Glücklich sind nicht die,
die meinen, sie seien selbst groß.
Glücklich sind, die wissen,
wie sie Trost finden.
Die Geduldigen, die Sanften,
die Freundlichen.
Die Gerechtigkeit suchen.
Die Barmherzigen.
Die mit dem reinen Herzen.
Glücklich sind die,
die Frieden zu stiften vermögen.
Sie sind von Gott gesegnet.
Sie sind geborgen.
Sie sind in Gott zu Haus.

Ein Neuntes: Was dir misslingt,
kann dich nicht gefährden.
Du brauchst also nicht so zu tun,
als seist du tadellos und fehlerfrei.
Du bist es nicht.
Aber das trennt dich nicht von Gott
und von dem Ziel,
das dir zugedacht ist.
Dein Herz mag dich anklagen,
aber Gott wird größer sein
als dein Herz.
Er sieht nicht nur, was du tust,
sondern vor allem den
von ihm geliebten Menschen,
der du bist.
Darum steh zu dem Menschen,
der du in Wahrheit bist
und der du bleibst in Gottes Augen.

Und ein Zehntes: Du hast ein Ziel.
Wende dich ihm zu.
Kläre, wofür es lohnt,
Kräfte einzusetzen.
Unterscheide zwischen
wichtig und unwichtig,
zwischen einem Berg und
einem Maulwurfshügel.
Dir ist Erfüllung zugedacht.
Es gibt etwas,
das größer ist als dein Herz
und dein Kopf:
das Reich Gottes.
Setze alles auf dieses eine Ziel,
bis dich nichts mehr so erfüllt
wie die Sehnsucht nach der
ungeteilten Welt Gottes
und der Menschen.

Und nun fang an!
Du kannst es.

8. Jesus will, dass durch uns in dieser Welt etwas Großes geschieht

Die Berufungen, mit denen Jesus seine Weggenossen auswählt und auf seinen Weg ruft, sind außerordentlich charakteristische Vorgänge. »Du dort!«, ruft er einen an. »Ich brauche dich! Komm!« Du bist nicht festgelegt, du kannst aufstehen, wenn ich rufe.

Damit sagt er:
Du bist freier, als du denkst.
Du kannst umkehren.
Du kannst einen neuen Anfang machen.
Du kannst Gewohnheiten ändern,
Überzeugungen überprüfen.
Du kannst dich ändern,
wenn du willst,
auch wenn es schwer fällt.
Du bist nicht festgelegt.
In dem Augenblick,
da dich ein Ruf trifft,
hast du die Chance, frei zu sein.

Nicht festgelegt, Jesus?
Auch nicht durch meine Pflicht?
Nein.
Auch nicht durch meine Familie?
Nein.
Auch nicht durch meine Erbmasse?
Nein.
Auch nicht durch mein Milieu?
Nein.
Auch nicht durch meine seelischen
Schwierigkeiten?
Nein.
In dem Augenblick,
da du einen Ruf aufnimmst,
bist du frei.

Und mancher stand auf und ging mit.
Zöllner ließen ihre Kassen stehen,
Aufständische ihre Waffen liegen,
Fischer ihre Boote.
Aber was sollen wir jetzt tun?
Jesus sagt:
Du sollst den Menschen
das ganz Andere,
das Neue,
das Kommende zeigen,
das Reich Gottes,
und sie frei machen, wie du frei bist.

Du brauchst keine Waffe.
Kein Gepäck, nur dein Wort.
Du gehst durch eine schmale Tür
und kannst nicht viel mitnehmen.
Du gehst einen schmalen Weg,
aber du gehst ihn als freier Mensch
mit weitem Herzen.

Das wird vielen nicht gefallen.
Du wirst einsam sein.
Man wird dich belächeln.
Ablehnung, Naserümpfen,
Schulterzucken.
Dann geh weiter und sieh auf mich.
Es wird dir nicht besser gehen als mir.

Mich nennen sie einen Verrückten.
Dich werden sie einen Dummkopf
nennen.
Mich nennen sie einen Teufel,
vielleicht wirst du in ihren Augen
ein Verbrecher sein.

Aber fürchte dich nicht.
Sie können deine Seele nicht antasten.
Ein Sperling ist ohne Marktwert.
Aber keiner fällt zur Erde,
wenn sein Vater im Himmel nicht will.

Man wird dich zur Rede stellen:
Was soll der Unsinn?
Aber dann sorge dich nicht,
was du antworten sollst.
Wer die Wahrheit liebt,
hat auch das Wort.

Dir ist der Auftrag gegeben, zu werden,
was Jesus Christus war und ist.
Jesus sagt von sich:
Ich bin das Licht der Welt.
Und er fügt hinzu:
Ihr seid das Licht der Welt.
Lasst euer Licht leuchten.
Er sagt: Ich bin das Brot des Lebens.
Und er sagt damit:
Werdet nun auch ihr zu dem Brot,
von dem die Menschen um euch her
leben können.
Er gibt den Seinen einen Kelch
und sagt: Das bin ich.
Trinkt daraus! Und wir hören:
Lasst auch ihr euch trinken!

Gebt die Kraft weiter,
die von mir ausgeht!
Seid Wein!

Er beschreibt sich selbst als den Hirten
und sagt damit:
Wo der Tod angreift,
da stehe ich für euch zum Schutz.
Wenn nun Menschen neben euch
bedroht sind,
dann seid Hirten für sie!

Er sagt: Ich bin die Tür.
Wer durch mich eintritt,
findet den Frieden.
Seid nun selbst Türen,
lasst ein, was kommen will.

Er sagt: Ich bin die Auferstehung
und das Leben.
Wer an mich glaubt, wird leben,
auch wenn er stirbt.
Bezeugt nun selbst das Leben denen,
die ihren Tod fürchten.

Und weiter hören wir:
Ich bin der Weg, die Wahrheit
und das Leben.
Lebt so, dass Menschen durch euch
ihren Weg finden,
dass sie durch euch der Wahrheit
begegnen,
dass sie durch eure Hingabe
das Leben gewinnen.

Und zuletzt:
»Ich und der Vater sind eins.«
Wie ich, so werdet ihr eins sein
mit dem Vater,
der euch gegenüber ist und der euch
in mir begegnet,
in dem ihr seid und der in euch ist.

Er aber,
dem nachzuleben und nachgestaltet
zu werden wir bestimmt sind,
Jesus Christus, sagt uns:
Ihr seid nie verlassen.
Ich bin bei euch alle Tage eures Lebens
bis ans Ende der Welt.

Jesus sagt dir also:

Du bist gejagt von deiner Sorge
um dich selbst.
Lege sie weg. Vertraue.
Du musst dich gegen niemanden
behaupten.
Tu das Deine in Frieden.

Du fürchtest, im Kampf um deinen
Platz im Leben
den Kürzeren zu ziehen.
Lass diese Furcht.
Zieh ihn, den Kürzeren.

Du hast Angst, dass dir etwas entgeht.
Lass sie. Lass es dir entgehen.

Du streitest gegen alle möglichen
Feinde und Konkurrenten. Lass das.
Du hast keine Feinde.

Du willst obenauf sein.
Mehr sein als andere.
Lass das, lass dich missachten.

Du suchst Macht über die Jungen,
oder du suchst Macht über die Alten.
Du suchst Macht über die,
die unten sind,
oder gegen die,
die oben sind.
Warum?
Lebe freundlich und strahle
Gelassenheit aus.
Und verändere an den Strukturen
deiner Umwelt,
was du im Frieden tun kannst.

Du prozessierst, wenn du
im Recht bist.
Lass das.
Suche in deinem Gegner
einen Menschen wie dich selbst.

Du willst, dass du Recht hast.
Lass das.
Sage schlicht, was wahr ist.
Du bist darauf aus,
anderen gegenüber etwas darzustellen,
aber wichtiger ist,
dass du deine dir zugedachte
wirkliche Gestalt findest.

Du wirst mit alledem
für einen Träumer gehalten.
Störe dich nicht daran.
Du hast die Zukunft auf deiner Seite.

Das Besondere an den Weisungen,
die uns Jesus gibt,
ist dieses Durchgehende:
Lass es.
Es ist unnötig.
Sei, was du bist.
Sei, was Gott in dir sieht.
Und lass den anderen gelten.

Das Besondere ist,
dass das Tun eines Christen
frei aus einem gelassenen Menschen
heraus geschieht.
Und dass der seine Gelassenheit
aus der Nähe eines vertrauenswürdigen
Gottes nimmt.

Noch einmal:
Wenn du etwas für den Frieden
tun willst,
dann darfst du nicht siegen wollen.
Solange du siegen willst,
befindest du dich in einem Krieg
und willst gewinnen.
Wer noch siegen will,
stiftet keinen Frieden.

Wenn du etwas tun willst
für die Gerechtigkeit
zwischen den Alten und den Jungen
oder zwischen den Reichen
und den Armen,
dann sieh zu, dass du sie nicht
mit deinem eigenen Rechtsanspruch
verwechselst.
Es gibt auch das Recht des anderen.
Darum:
Wer noch auf seinem Recht besteht,
der kann Gerechtigkeit im Ernst
nicht wollen.

Versuche es mit der Wahrheit.
Auch wenn es eine Wahrheit ist,
die gegen dich spricht.
Verzichte auf alle Selbstrechtfertigung
und alle Rechthaberei.
Du übersiehst sonst, dass es durchaus
sein kann,
dass der andere Recht hat.
Wer noch Recht haben will,
kann nicht die Wahrheit sagen.

Versuche, ohne Hass auszukommen.
Wenn du gegen irgendjemanden
Hass empfindest,
wirst du ihn nicht verstehen.
Du verstehst nur den Menschen
wirklich,
dem du wenigstens etwas von Liebe
entgegenbringst.
Das ist ein strenges Lebensgesetz.
Willst du also jemanden verstehen,
so liebe ihn,
sonst bleibt er dir unbekannt.

Versuche, ohne Gewalt auszukommen.
Ohne Gewalt zu denken.
Ohne Gewalt in Worte oder
in Handlungen zu fassen.
Gewalt trennt dich auf alle Fälle
von dem Menschen,
den du vor dir hast.
Solange du also Gewalt denkst,
kannst du für die Heilung
der Verhältnisse
zwischen den Menschen
nichts tun.

Es gibt im Grunde
nur zwei Weisungen,
die von Jesus ausgehen.
Die eine ist:
Sei bei denen, die unten sind.
Und wenn du »oben« bist,
bei den Angesehenen,
den Einflussreichen, den Mächtigen,
dann steige ab,
bis du bei denen lebst,
die unten sind.

Die andere ist: Wenn du unten bist,
dann breite deine Liebe aus
nach allen Seiten.
Deine Liebe zu denen, die du liebst,
denen du nahe bist,
mit denen zusammen du tätig bist.
Den Fremden,
die an deine Tür kommen,
den Unbekannten allen rund um
die Welt
einschließlich deiner Gegner
und deiner Feinde.

Was dabei von dir ausgehen soll,
sind Achtsamkeit und Berührbarkeit.

Lass dich berühren
von dem, was um dich her geschieht.
Lass es dir ans Herz gehen
oder an die Nieren.
Greif zu. Finde dich nicht ab mit Lüge
und Ausbeutung,
mit Gewalt, Erpressung und Drohung.
Tritt ein für die Verleumdeten,
für die Gedanken der Unbequemen
und die Hoffnung der Träumer.
So wirst du immer auf der Seite Jesu
sein und dem kommenden Reich
den Weg bereiten.

Begegne dem Leben insgesamt
mit Güte.
Das meint, dass einer es mit dem
Leben, wie es ist,
gut meint.
Und dann nimm wahr,
was von all dem
im Leben der ungezählten Menschen
neben dir mangelt.
Du hast keiner Moral zu gehorchen
und keiner Konvention.
Geh all die dunklen Wege mit,
auf denen sie vielleicht mit letzter Kraft
gehen.
Geh all die Wege mit,
die ohne Hoffnung gegangen werden.
Geh mit in den tiefen Tälern,
von denen aus keine Gipfel
zu sehen sind,
und mach so dein Tun dem ähnlich,
was du an Jesus Christus siehst.
Und lass Mut von dir ausgehen,
Mut zum Leben,
und das Vertrauen,
dass das Leben etwas sei,
das gelingen könne.

Meine aber nicht, es müsse dies alles
im ersten Anlauf gelingen. Vielleicht
gelingt dir ein Anfang. Danach ein
zweiter oder dritter Schritt. Und sei
gewiss, dass der, der dich in ein solches Leben ruft, dich dabei begleitet.
Zweifle auch nicht an dir selbst angesichts der Bruchstückhaftigkeit, die du
an dir erlebst. In Gottes Augen ist es
ein Ganzes. Es ist ein in Gott begon-
nenes und auf Gott hin geführtes
Leben. Dir sind Kräfte anvertraut. Mehr
als anderen. Oder weniger als anderen.
Das braucht dich nicht zu kümmern.
Viel oder wenig ist ein geringer Unter-
schied. Wichtiger ist, ob einer, was er
empfangen hat, in Hingabe verwan-
delt. Ob er zeigen kann, was die
Glücklichen tun und die Freien.

9. Jesus will, dass wir glücklich und dass wir freie Menschen sind

Das hat den Hintergrund, dass du nur
als glücklicher und freier Mensch fähig
sein wirst, zu tun, was er uns anweist.
Er spricht von Seligkeit, und er meint
damit das Glück, die Erfüllung und
den Frieden.

Das wurde von den einen so ausgelegt,
dass es gelte: für drüben, für später.
Aber mir scheint, bloße Vertröstung
sei nicht die Sache Jesu.

Andere sagten: Das gilt für heute.
Ihr seid selig, wenn ihr die Welt verän-
dert. Wenn ihr glücklich sein wollt,
dann schafft Gerechtigkeit.
Hier und heute.
Dann schafft Frieden. Jetzt.
Baut das Reich Gottes auf.
So seid ihr glücklich.

Aber mir scheint, Jesus meine beides.
Und er meine es in dem Sinn,
dass er sagt:

Selig sind,
die heute vorwegnehmen, was kommt.

Selig sind,
denen das Heute, das Morgen
und die Ewigkeit eins sind.
Eins die Erinnerung,
die Tat und die Hoffnung.

Selig sind, die festen Stand haben.
Sie beteiligen sich
an einer lohnenden Arbeit.
Sie sind auf der Spur
zum bleibenden Leben.

Er sagt:
Selig sind,
die arm sind am Geist Gottes,
und er meint die,
die ihre ganze Hoffnung auf diesen
Geist setzen.
Er meint nicht die Starken, die Klugen,
die Versierten,
die auf alles eine Antwort haben,
sondern die anderen,
denen ihre Armut keine Wahl lässt
als die, auf den Geist Gottes zu hoffen.

Er meint die, die Mangel leiden
an Lebensmut, an Hoffnung
und an Vertrauen,
und die hoffen, es möge ihnen ein Weg
gezeigt werden,
und ein Ziel.
Eine Hand möge sie führen,
und es möge einer da sein,
der auf sie Acht hat.

Er nennt sie glücklich,
weil sie etwas suchen,
das über ihre Armut hinaus ist.

Sie stehen vor der Tür
zum Reich Gottes
und unterscheiden sich darin
von denen,
die alles haben,
alles wissen und allem überlegen sind.

Denen also nichts mehr
zu wünschen bleibt.
Die Armen sehnen sich noch,
und das ist ihr Reichtum.
Denn sie sehnen sich nach dem,
was wirklich kommt.

Er sagt:
Das Glück werden die Leidenden
finden,
denn sie sollen getröstet werden.
Ich weiß nicht, ob er nur das
kleine Leid meint, das einer trägt,
oder auch das große der vielen
anderen um ihn her.
Aber ich glaube, dass er beide meint.

Selig also sind die,
die das eigene Leid tragen
und mittragen am Leid der anderen.
Sie sollen getröstet werden.
Mehr: Sie sollen trösten können.
Sie lernen den Trost,
den sie empfangen, weiterzugeben.

Selig sind wir, die Leid tragen,
denn wir gehen mit ihm,
der unser aller Leid trug.
Unser Leidtragen ist Leiden mit ihm.
Unser Trost ist Leben mit ihm.
Selig sind wir, die das Leben leiden
bis an die Grenze, die der Tod ist,
und den Tod bis an die Grenze,
die das Leben ist.
Denn mit uns, bei uns,
in uns ist Gottes gütige Führung.

Er sagt:
Die Sanften werden das Glück finden.
Das Wort klingt weich und
missverständlich.
Er meint aber:
die behutsam und freundlich sind
und geduldig der Zukunft zugewandt.
Sie werden auf dieser Erde leben
und zuhause sein.

Selig sind also nicht die Täter,
die das Glück der Erde herbeizwingen,
sondern die,
die warten können,
mit langem Atem.
Denn das eigentlich erlösende Werk
tut Gott.
Des Menschen Teil
ist die hingebende Arbeit
in der Geduld.

Glücklich also auch,
die mit der Erde, der bedrohten,
behutsam umgehen.
Schonend und freundlich.
Sie tun, was die Erde braucht.
Selig sind sie,
denn sie enden nicht
in der Verzweiflung
der erfolglosen Täter.
Sie stehen auf der Erde
und wirken für das Leben der Erde
und ihre Verwandlung mit der Kraft
Gottes.
Es wird eine unserer großen Aufgaben
sein in den kommenden Zeiten.

Er sagt:
Das Glück werden finden,
die hungern und dürsten
nach Gerechtigkeit.
Sie sollen satt werden.

Wenn wir die Menschheit betrachten
rund um den Erdball,
finden wir sie zerrissen
in Gesegnete und Verfluchte.
In Ausbeuter und Unterdrückte.
In Satte und Hungernde.
Er wollte aber eine geschwisterlich
lebende Menschheit.
Selig sind für ihn darum die,
die hungern nach dem Ende
einer Trennung
zwischen den Armen und den Reichen.

Wenn Jesus von unserer Gerechtigkeit
spricht,
meint er nicht, wir sollten von der
bösen Welt fordern,
dass sie uns Gerechtigkeit verschaffe.
Wenn er sagt, das Glück finde,
wer nach Gerechtigkeit hungert,
so meint er die, die sich als Werkzeuge
Gottes verstehen, wenn sie für alle
Gerechtigkeit suchen.

Sie sind glücklich, denn sie schaffen
mit seinem Geist
eine Gemeinschaft von Menschen,
in der Hungernde satt werden.
Sie werden zu Werkzeugen Gottes.
Das zu werden aber wird der große
Auftrag der Kirche sein
in den kommenden Zeiten.

Er sagt:
Das Glück werden die Barmherzigen
finden,
denn sie werden Barmherzigkeit
erlangen.

Gemeint sind die Barmherzigen,
die eine Hilfe sind dem,
der sich nicht selbst helfen kann,
die eine Hand sind für den,
der seine Hand nicht gebrauchen kann,
ein Fuß für den Gelähmten,
ein Auge für den Blinden,
ein Ohr für den Tauben,
Verstand und Herz für den geistig
Schwachen,
ein Anwalt dem Entrechteten,
Trost dem Trostlosen,
Zeichen des Glaubens
dem Ungläubigen,
der Hoffnung dem Hoffnungslosen.
Selig sind sie,
denn sie werden Barmherzigkeit
empfangen.
Gott lässt sie nicht allein.

Sie werden Kraft von Gott empfangen,
wenn ihre Bemühung
ihre Kraft übersteigt,
Gott wird ihr Leben segnen.
Wer sich gegen Elend, Not und
Einsamkeit verbünden will,
muss politisch handeln.
Es ist wieder eine der großen Aufgaben
seit Anbeginn,
heute und in allen kommenden Zeiten.

Er sagt:
Das Glück werden finden,
die reinen Herzens sind,
sie werden Gott schauen.

Das reine Herz ist nicht
die kindliche Unschuld,
die es nicht gibt.
Es ist nicht der Mann mit der
weißen Weste gemeint,
den es nie gegeben hat.
Rein sein ist ein kostbares
Geschenk Gottes,
und das ist nicht vorzeigbar.
Es bedeutet das klare Auge,
das sieht.
Das offene Ohr,
das hört.
Denn das klare Auge schaut,
was kommt.
Und das offene Ohr vernimmt
das Wort,
von dem Hoffnung ausgeht.

Er sagt: Ihr seid rein dadurch,
dass mein Wort in euch wohnt,
oder, anders gesagt:
dass ihr in meinem Wort wohnt.

Wem Gott diesen klaren Blick verlieh,
der schaut ihn heute an seinem Werk.
Er schaut auch in seine Zukunft.
Er schaut ihn als den Schöpfer
der kommenden Welt.
Er gewinnt Hoffnung und hat ein Maß,
mit dem er seine eigene Zeit misst,
ihre Mächte, ihre Pläne und ihr Elend.
Wenn er politisch handelt,
wird er es anders tun,
als Politik sich sonst abspielt.
Er wird eindeutig sein.
Er wird Gott schauen in allem,
was geschieht.

Er sagt:
Das Glück werden finden,
die dem Frieden Raum schaffen.
Sie sind Töchter und Söhne Gottes.
Ein Glückwunsch den Söhnen.

Nicht »Kinder Gottes« sind gemeint,
wenn im »Kind«
etwas Rührendes steckt,
etwas Gefühliges,
etwas Naives.
Gemeint sind Söhne,
erwachsene Söhne
und Töchter Gottes.
Wenn die Bibel von einem
»Sohn« spricht,
meint sie nicht vor allem
den Abkömmling,
sondern den Bevollmächtigten,
den Stellvertreter.
Den Mitarbeiter.
Der »Sohn« tut das Werk des Vaters.
Wer Christus, den »Sohn« sieht,
sieht den Vater.
Wo der Sohn auftritt,
ist der Vater anwesend.

Hinter dem Sohn steht die Macht
des Vaters,
seine Autorität, seine Güte
und Barmherzigkeit.

Söhne und Töchter
sind daran kenntlich,
dass sie Kriege beenden,
nicht daran, dass sie siegen.
Daran, dass sie lieber verzichten,
als Krieg und Streit fortzusetzen.
Es ist auch eine der großen Aufgaben
für die Kirchen
in den kommenden Zeiten,
Frieden in ihren eigenen Beziehungen
zu schaffen,
damit sie sich als Friedensstifter
auf dieser Erde
bewähren können.

Frieden schaffen heißt:
Vertrauen schaffen.
Freiheit gewähren.
Bejahen. Verzeihen. Güte zeigen.
Schutz geben. Bergen.
Wer das tut, der tut, was Gott tut.
Er vertritt ihn auf dieser Erde.

Wem das gegeben wird:
Schutz geben,
ohne zu fragen,
ob er selbst geschützt ist,
Freiheit gewähren,
ohne zu fragen,
ob er selbst seinen Ketten
entrinnen darf,
Streit beenden,
ohne zu fragen,
wie viel er dafür hingibt,
der ist glücklich.
Er ist selbst,
was andere durch ihn sind:
Empfänger des Friedens.

Er sagt:
Das Glück werden finden,
die um der Gerechtigkeit willen
verfolgt werden,
ihnen wird sich das Himmelreich
auftun.
Wer einer von diesen Wegweisungen
nachgeht,
wird Widerstand erfahren.
Widerstand von denen,
die Realpolitik zu treiben meinen.
Widerstand von denen,
an deren Besitzanspruch er sich
wendet.
Und Widerstand von allen,
denen solches Handeln unheimlich
oder verhasst ist.

Christus fand diesen Widerstand,
nahm ihn auf sich und starb an ihm.
Diese letzte Seligpreisung
greift über die Welt hinaus
und sagt: Wer den Weg geht,
den Christus ging,
der wird weitergehen als nur
bis in seinen Tod:
Er wird heimkehren zu Gott
und wird Erfüllung finden.
Er wird glücklich sein.

10. Indem du glaubst, verändern sich für dich alle Dinge

Nach Jesus ist die Zukunft die alles entscheidende Zeit. Er sagt: Alles ist offen. Alles ist möglich. In allem liegt eine Chance. In allem droht eine Gefahr. In allem findest du einen Auftrag. Tu also, was sich in der Zukunft bewähren wird. Gib die Zukunft nie aus der Hand um etwas, das du jetzt gewinnen könntest.

Für Christen gibt es einen Punkt, an dem sich alles entscheidet über Wahrheit oder Irrtum unseres Glaubens. Es ist der Bericht, der sagt, Jesus Christus sei aus dem Tod in ein neues Leben hinübergetreten. Er sei auferstanden. Darin liegt zugleich die Botschaft an uns, wir hätten nach unserem kurzen Leben eine Auferstehung vor uns und eine Ewigkeit. Und darin liegt zugleich die Botschaft, das ganze Universum sei der sichtbare Vordergrund einer in unmessbare Tiefen hinüber reichenden Welt, und dieser kleine Vordergrund

habe eine Wandlung vor sich, deren Ziel Jesus das »Reich Gottes« nennt. Wer die Auferstehung des Toten und Begrabenen von Golgatha für einen Irrtum hält, der macht das ganze Christentum zu einem Irrtum.
Der Rest lohnt sich nicht.

Man hat immer wieder versucht, die Auferstehung von damals als Gleichnis zu verstehen, nicht als wirkliches Ereignis. Man sagte: Sie bedeutet, dass, was Jesus gewollt hat, auch für uns gilt. Oder man sagte: Sie bedeutet, dass sein Traum vom Reich Gottes weitergeträumt werden muss. Dass, was er gesagt hat, noch immer Wahrheit ist. Aber die Auferstehung bedeutet, dass Jesus Christus durch den Tod hindurch geführt worden ist und lebt. Nicht die Erinnerung an ihn lebt, sondern er selbst. Und dieser Jesus sagt: Ich lebe – und ihr sollt auch leben. Nichts wird zu Ende sein. Nichts wird umsonst gewesen sein. Ihr werdet den Tod durchschreiten, geführt von der Liebe Gottes. Ihr werdet leben, und zwar in einer neuen Nähe zu Gott.

Jesus sagt: Die Auferstehung führt dich zuerst vor ein Gericht, das den Wert oder Unwert deines Verhaltens offen legt. Und dieses Gericht malt er aus, als ginge es dort zu wie vor einem menschlichen Gericht und ende wie hier mit einem Urteil oder mit einem Freispruch. Aber damit nimmt er nur die gewohnten Bilder auf, die seine Hörer vom letzten Gericht ohnehin kannten. Und er sagt: Ich werde es sein, der euch richtet. Damit sagt er zugleich, dass sich die ganze Vorstellung von einem letzten Gericht verändert.

Eine erste Veränderung bestand darin, dass Jesus sagt: »Der Vater richtet niemand. Alle richterliche Vollmacht hat er mir, seinem Beauftragten, übergeben.« Wenn wir sehen, wie barmherzig Jesus mit Kranken und Leidenden, aber auch mit Verdorbenen und Schuldigen umging, so bedeutet diese erste Veränderung eine starke Entlastung. Der Richter ist also nicht ein unbekannter Gott, sondern ein heilender und tröstender Menschenbruder. Dann aber ist der Sinn dieses Gerichts nicht Drohung und Verurteilung, sondern Heimholung, Heilung, Einbeziehung. Es wäre gut, wir hätten dies im Auge, wenn wir den Satz des Glaubensbekenntnisses sprechen, Jesus werde wiederkommen, zu richten die Lebenden und die Toten. Der Satz ist im Grunde eine Befreiung. Eine Erlösung. Das Ende einer untragbaren Last und Angst.

Aber noch einmal verändert Jesus das Bild vom Gericht. Er sagt: Auch ich selbst werde nicht eigentlich der Richter sein. »Wer meine Worte hörte, den werde nicht ich richten. Ich bin nicht gekommen, die Welt zu verurteilen, sondern sie zu erlösen. Vielmehr wird das Wort, das ich zu euch geredet habe, der Richter sein.« Damit aber rückt das Gericht in uns Menschen selbst herein und spielt sich ab zwischen dem, was wir hörten und wussten, und dem, was wir danach taten, als ein Erschrecken also und Erkennen in uns selbst. Wir sprechen uns selbst das Urteil. Aber eben mit dieser neuen, ernüchternden Kenntnis unserer selbst werden wir an den Tisch gerufen, an den der große Versöhnende uns einlädt. Wir sehen klar über uns selbst, und wir sind bejaht.

Gilt das aber, so wird niemand in einer ewigen Hölle versinken. Die Güte Gottes wird stärker sein als unsere Verkommenheit.

Als die Tage vergangen waren, in
denen die Freunde den Meister in
seiner andersartigen, lichten und
transparenten Gestalt gesehen hatten
und sie wussten: Dies ist der Ab-
schied!, sprachen sie von seiner »Him-
melfahrt«. Aber sie meinten nicht,
wenn sie »Himmel« sagten, irgend-
einen fernen Ort über den Wolken.
Himmel ist ein Wort für die Nähe des
unzugänglichen Gottes. Himmel ist,
wo Gott ist. Gott aber ist überall. Oben
und unten. Innen und außen. Fern und
nah. Er ist, wo wir leben, er ist in uns
wie in allen Dingen und Wesen, und er
ist jenseits aller Grenzen unserer Er-
kenntnis.

Denn unsere Welt ist nur der Vordergrund. Und diese Vordergrundwelt
wird in irgendeiner unvorstellbar
fernen Zukunft einmal verlöschen.
Aber damit ist nicht die Wirklichkeit als
ganze zu Ende. Sie hat heute schon
Dimensionen, die weit über das hi-
nausreichen, was wir mit Hilfe unserer
Wissenschaft beschreiben können. Sie
ist im Grunde geistig. Und diese ganze
Wirklichkeit zusammen ist in Gott, und

Gott ist in ihr. Und sie ist in einer großen, alles mitreißenden Entwicklung. Sie hat die Wandlung vor sich, die Jesus das »Reich Gottes« nennt.

In unserer Wandlung liegt der Sinn
aller Dinge.
Und sie geschieht auch an uns.
Denn auch wir gehören dieser
größeren Welt an.
Der Glaube sagt uns:
Was willst du werden?
Ein Erfinder? Ein Herrscher?
Ein Genie? Ein Heiliger?
Das alles ist weniger,
als wenn du mitwirkst
an der großen Welt Gottes.
Du kannst sein Werkzeug sein.
Du kannst ein Mund werden,
durch den Gott spricht.
Ein Auge, mit dem Gott
die Menschen ansieht.
Ein Ohr, das ihre Klagen hört.
Eine Hand, die mit ihm wirkt.
Er sieht und hört und wirkt auch
ohne dich.
Aber dir ist der Auftrag gegeben,
ein Instrument zu sein, das er führt.

Glaube ist ein Sprung über den
eigenen Unglauben.
Er ist das Vertrauen,
dass dich einer auffängt,
wenn du springst.
Glaube ist ein Weitergehen,
wenn du keinen Weg siehst.
Glaube ist ein Sich-verändern-lassen,
auch wenn es schmerzt.
Ein Vertrauen darauf, dass etwas wächst
in deiner Arbeit nach außen
und in deiner Arbeit nach innen.
Du wirst dich selbst neu empfangen.
Was du gewesen bist und was Gott aus
dir machen wird,
wird eins sein.
Du wirst nicht in Schönheit beginnen
und in einer Ungestalt enden,
sondern du wirst dein Ziel
in deiner eigenen Gestalt erreichen.

Dass es so ist,
das habe ich im Laufe eines langen
Lebens immer wieder erfahren,
wenn ich in irgendeiner Weise an der
Grenze stand
zur anderen Welt.

Unser Leben ist keine graue Sackgasse
mit nachtschwarzem Ende in der Enge
des Nichts.
Wir gehen vielmehr
aus der Dunkelheit ins Licht,
vom Licht ins Dunkel
und am Ende ins Licht.

Wir werden die sein, die wir
wirklich sind.
Wir werden neu sein aus dem
Gedanken Gottes.
Wir werden den Sinn unseres Daseins
und das Geheimnis der Welt
klarer sehen.
Und mehr als dies müssen wir,
solange wir auf dieser Erde sind,
nicht wissen.

Geh also gelassen durch deinen Tag.

Die Bibel gibt uns ein Lied, das wir
nachsingen können. Den 121. Psalm.
Er gehört zu den Worten des Vertrau-
ens, die sich eignen, dass wir sie mit
unseren eigenen Worten nachsprechen
so, wie es uns unser gegenwärtiges
Leben nahe legt. Dann lautet er so:

Nein, ich will nicht verzagen, Gott.
Ich will den Kopf nicht hängen lassen.
Ich will ihn heben und aufsehen zu dir.

Wer soll mir helfen?
Das kannst allein du.
Du hast den Himmel gemacht
und die Erde,
und auch mein kleines Schicksal
liegt in deiner Hand.

Du gibst meinem Schritt
Klarheit und Frieden.
Du bist selbst der Weg,
den ich gehe.
Vor mir liegt mein Ziel.

Du behütest mich,
auch wenn ich meine,
du seiest in weiter Ferne.
Du bist neben mir, über mir, in mir.

Du begleitest mich wie ein
großer Schatten.
Du bist über mir wie ein Schutz,
wenn ich durch eine heiße Wüste
wandere.

Keine Gefahr kann mir drohen
bei Tage,
wenn ich mein Werk tue
und die Menschen um mich sind.

Und bei Nacht,
wenn ich einsam bin,
wenn Zweifel mein Herz füllt
oder Schuld mich quält.

Du behütest alle meine Anfänge,
die ich versuche,
und alles,
was ich abschließe und vollende.

Du bist um mich,
wenn ich aufbreche
und wenn ich heimkehre.
Darauf verlasse ich mich.

Und das gilt für diesen Tag ebenso
wie für alle Ewigkeit.

Hören, was **das Evangelium** zu sagen hat

Jörg Zink begibt sich auf den Weg der religiösen Erfahrungen und zeigt, wo es Auswege gibt, um die Wirklichkeitsferne des Glaubens zu überwinden und dem Geist Gottes wieder mehr Raum zu geben.

Jörg Zink
GOTTESWAHRNEHMUNG
Wege religiöser Erfahrung
368 Seiten / gebunden mit SU
ISBN 978-3-579-06479-6

GÜTERSLOHER
VERLAGSHAUS

www.gtvh.de

Ein Plädoyer, das
Wagnis des Glaubens
einzugehen

Jörg Zink will helfen, einen
eigenen Weg des Glaubens
zu gehen. Seine Anregungen
verstehen sich als eine Grundlage
zum Finden und Festigen
des eigenen Glaubens.

Jörg Zink
WER GLAUBT, KANN VERTRAUEN
2. Auflage / 127 Seiten / gebunden
ISBN 978-3-579-06856-5
Hörbuch: 2 CDs mit 150 Minuten
ISBN 978-3-579-07607-2

GÜTERSLOHER
VERLAGSHAUS

www.gtvh.de